Copyright © 2023, Raymond GUEGAN
Publication 2023
Édition : BoD - Books on Demand, info@bod.fr
Impression : BoD - Books on Demand, In de
Tarpen 42, Norderstedt (Allemagne)
Impression à la demande
ISBN : 978-2-3222-5553-5

Dépôt légal : mars 2023

NATURE POETIQUE

RAYMOND GUEGAN

- *NATURE* -

*Tu es mère de l'existence,
de ta bienveillance
la vie et l'espérance.*

Tu es l'eau

Tu es l'air

Tu es le soleil

Tu es la terre.

L'EAU

- *LA SOURCE* -

Te souviens-tu de l'ère
où cette terre,
maigre et austère,
n'était que misère ?

C'était il y a longtemps,
peut-être mille ans,
où plus encore maintenant.

Je marchais dans la colline,
sur un chemin d'herbes fines,
vers le plateau qui la domine.

Une roche se dressait,
avec force je priais,
la pierre se délitait, la terre se fissurait,
de l'eau s'épanchait, source tu devenais

- *LE RUISSELET* -

Frais et limpide,
de la source intrépide,
l'écoulement rapide
s'allongeait sur la terre aride.

L'eau bienfaitrice
dans les interstices,
terre devenait de glisse.

Le sol était boueux
comme un jour pluvieux,
il était heureux.

Un débit généreux,
un sillon creux,
un trait sinueux,
un cours d'eau radieux.

- *LE RUISSEAU* -

Des années ont passé,
ton lit tu as creusé,
les obstacles tu as brisés,
où alors, contournés.

Ton chemin sans fin,
tracé pour un grand destin,
semble divin.

Près des rives,
sous le soleil qui les ravive,
herbes et fleurs aux couleurs vives.

L'espoir est venu,
plus fort tu es apparu,
plus grand tu es parvenu,
majestueux tu es devenu

-

- *FLORE & FAUNE* -

La lumière étincelante,
la flore exubérante,
la faune abondante,
la vie luxuriante.

Genets et ajoncs,
fleuris à foison,
nichent pinsons ou hérissons.

Frênes et chênes de haute mine,
ici dominent
en rois de la colline.

Le chant des oiseaux,
tout est beau
tout est nouveau,
tout est joyau.

- *DE RUISSEAU en RIVIERE* -

Ton cours grandit,
ton lit s'approfondit,
ton rivage s'enfuit,
ton courant grossit.

De collines en plateaux,
tu rends plus beaux,
buissons et roseaux.

Des rochers nuisent ton chemin,
mais en vain,
volonté et destin.

Une gorge s'offre à tes fins,
ton eau est un festin,
ton chemin était devin,
rivière tu parviens.

- *VIES et VILLAGES* -

Les années devenaient séculaires,
des hommes s'installèrent,
la terre ils cultivèrent,
un monastère ils édifièrent.

La végétation était variée,
les plantes étaient dégustées,
les graines récoltées.

La forêt était giboyeuse,
la rivière poissonneuse,
la nourriture généreuse.

Ils construisaient des villages,
des familles de tous âges,
une vie sage,
un long rivage.

- DE RIVIERE en CONFLUENT -

Tu coules vers l'ouest,
comme un canyon du Far West,
ton courant est modeste,
ton pouvoir est robustesse.

Ton chemin de halage
est chagrin et courage
en tirant les barges avec rage.

Un parcours de chance,
une rencontre de circonstance,
un confluent de coïncidence.

Unis dans l'aval
tu poursuis avec moral,
dans un sentiment loyal,
rejoindre un fleuve royal.

- *LE FLEUVE* -

L'eau s'épanouit entre vaux et coteaux,
les falaises sont de tuffeau,
les demeures sont de châteaux,
le fleuve est du plus beau.

Les coteaux font des vignobles,
les cépages font des rigoles,
les nectars sont des plus nobles,

Des logis sont troglodytes,
des gens de peine que le travail ne quitte,
chaque jour y habitent.

Ton sable blanc
est charrié par des chalands.
Ton faible courant
bientôt finira dans l'océan.

- *L'OCEAN* -

Ta surface est un horizon sans fin,
une aire de jeux pour les dauphins,
une route pour les marins,
une voie pour un destin.

Tes îles sont attrayantes,
leur nature éblouissante,
leur vie une détente.

Tes creux sont redoutables,
tes vagues épouvantables,
tes tempêtes impitoyables.

Ton dessin est grandeur,
ton appel séducteur,
ton reflet charmeur,
ton image est bonheur.

L'AIR

- *LA BRISE* -

Une brise vient du nord,
des herbes tremblent de tout leur corps.
Une rosée blanche les colore,
un sublime décor.

La girouette s'oriente,
les feuilles sont frémissantes,
les branches indifférentes.

Ton air invisible,
un élément imperceptible,
une odeur subtile.

Ta sensation est de douceur,
ton souffle de fraîcheur,
ou de froideur,
mais toujours enchanteur.

- *LE VENT* -

Quand tu souffles de l'est
on te déteste.
Quand tu souffles de l'ouest
on t'accepte.

Quand tu souffles dans les haubans,
aux marins la peur les prend,
le cœur tu leur fends.

Quand tu souffles dans les huniers,
navigateurs ou bateliers,
en appellent à St Nicolas, patron des mariniers.

Quand tu souffles du nord,
le visage tu nous mords,
quand du sud tu nous honores,
tu te confonds en excuses et en remords.

- *LA TEMPÊTE* -

Le ciel se fait changeant,
le vent plus puissant,
les arbres sont tremblants,
les nuages inquiétants.

Le temps est préoccupant,
il faut prendre des mesures maintenant,
en faisant les choses posément.

La force sans cesse augmente,
la tempête devient violente,
les gens sont dans la tourmente.

Des branches et des débris volent,
des toits de maisons s'envolent,
les animaux s'affolent.
Tempête tu nous désoles.

- *LA TORNADE* -

Le ciel noircissait,
un orage s'annonçait,
des éclairs jaillissaient,
des trombes d'eau s'abattaient.

Les fossés débordaient,
les routes inondaient,
la peur s'installait.

Sous le nuage, un entonnoir grandissait,
une spirale s'allongeait,
une tornade se formait.

Des arbres étaient brisés,
des champs ravagés,
des toits dévastés.
Des gens ruinés.

- LE SOLEIL -

- *L'AUBE* -

La nuit n'est pas encore finie,
le jour n'as pas encore vie.
Les fleurs sont rabougries,
la froideur les transit.

Ce n'est plus le noir du soir,
ce n'est pas déjà à bien y voir.
C'est un nouveau matin d'espoir.

Les oiseaux sont encore nichés,
le gibier encore gîté,
ou profondément dans son terrier.

L'instant est de silence,
le bienfait est intense.
Les soucis nul n'y pense,
l'heure est d'espérance.

- *L'AURORE* -

Une lueur fend l'horizon,
un jaune-orangé donne le ton,
le voile soyeux d'un brouillard se confond.
L'unissons d'une image de perfection.

La campagne blanchie rapidement,
le soleil s'élève progressivement
dans son manteau d'ornement.

Le ciel est jaunissant,
le spectacle est ravissant,
la nature, un teint éblouissant.

Le jour s'est levé,
les oiseaux sont réveillés,
leur chant vient me charmer.
Dans la rosée je vais marcher.

- *LE SOLEIL* -

Haut dans les cieux,
beau comme un dieu,
phénomène mystérieux,
tu es un astre merveilleux.

Au zénith de ta lumière,
à profusion, tu éclaires
ce morceau de notre terre.

Tu envoies ta chaleur.
A la nature elle sera valeur,
à la vie elle sera bonheur.

Etoile de la galaxie,
que chacun ravie,
et apprécie,
tu rythmes notre vie.

- *LE CREPUSCULE* -

Le soleil de midi s'en est allé,
le ciel brusquement s'est voilé,
de la plage les touristes s'en sont allés,
la fin d'un jour ensoleillé.

La marée s'est retirée,
la côte est dénudée,
la plage est désertée.

Le soleil est en décadence,
l'obscurité est grandissante,
l'image est attrayante.

Le ciel est flamboyant.
Le soleil rouge comme un feu ardent
disparaît dans l'océan.
Il part illuminer d'autre gens.

- LA TERRE -

- *LA TERRE* -

Sur ton sol je suis né,
sur ton eau j'ai navigué,
par ton air j'ai respiré,
par ton soleil j'ai rêvé.

Tu es mère nourricière,
un sol riche en matière,
une vie familière.

Tu es de labeur,
ton travail est de rigueur,
ton fruit y fait honneur.

Ta nature est généreuse,
ton chemin fait une route joyeuse,
tes éléments font une vie heureuse.
Terre, tu seras toujours ensorceleuse.

- PROFONDEURS & SOMMETS -

Tes profondeurs sont magiques,
tes gouffres sont magnifiques,
des salles sont spécifiques,
leurs magies sont uniques.

Des ruisseaux les traversent,
des rivières les transpercent,
leur beauté nous bouleverse.

Tes sommets sont des pics,
leur ascension homérique,
leur panorama fantastique.

Des stalactites enchanteresses
que la lumière caresse,
jusqu'aux sommets de prouesse ;
Terre, tu nous combles de promesses.

- *NATURE* -

Ta terre est matière,

ton air est oxygène,

ton eau est vie,

ton soleil est lumière,

mais qu'elle soit colorée ou blême,

la nature sera toujours un poème.

UNE FORÊT

DE POEME

- *LA FORÊT* -

Depuis des siècles cette immensité domaniale,
Offrait à chacun son patrimoine végétal.
Son peuple était d'arbres et de broussailles,
De faune, de plantes et de fleurs qui s'égaillent.
Des allées larges comme des boulevards,
Appelaient les passants à entrer sans retard.
Je m'y avançais irrésistiblement,
Je regardais, j'admirais passionnément.
Le printemps offrait ses couleurs aux passants,
Des jonquilles étalaient leur jaune d'or séduisant.
Je poursuivais voire une hêtraie,
Ses sujets faisaient une séduisante futaie.
Ils poussaient à l'ombre des chênes,
Ce qui leur était de bonne aubaine.
Un croisement me posait questions,
Je ne savais prendre quelle direction.
Au loin d'autres feuillus se dressaient,
Par un autre chemin des sapins s'imposaient.
Au plus près je voulais les admirer,
Je m'y rendais sans plus tarder.

- *LES SAPINS* -

Haute comme un belvédère, une cime dominait en
maître,
Les chênes, les frênes et les hêtres.
C'était un sapin remarquable,
Qui trônait au coeur de cette forêt affable.
Dans ses branches qui se faisaient perchoir,
Nichaient nombre d'oiseaux en robe noire.
Sous ses branches en bras protecteurs,
Mousses et fougères l'entouraient de multiples
couleurs.
Les visiteurs étaient nombreux pour admirer ce joyau,
Le dessiner, le peindre, ou en faire une photo.
Son pied était volumineux, sa pointe minime,
Ses aiguilles à bandes blanches avaient une odeur
intime.
Sa splendeur était égale à sa puissance,
Son ombre invitait pourtant à la vacance.
Sa variété était de race,
Son nom était Sapin Douglas,
Maître des arbres en ce lieu,
En lui, le respect comme à un dieu.

- *LES BROUSSAILLES* -

Les broussailles se faisaient maquis,
Les renards en étaient ravis.
Des ronces poussaient à profusion,
Les mûres en étaient les fruits de saison.
Des lianes de fleurs roses ou blanches,
S'enlaçaient dans ces buissons sans branches.
C'était le printemps, c'était l'été, c'était l'automne,
C'était l'hiver, avec ou sans fleurs, mais jamais
monotone.
Le troglodyte mignon y faisait son habitation,
Chaque jour son chant aigu s'étendait à l'horizon.
Le rouge gorge familier aimait ici se réfugier,
Et trouver dans les fourrés ses insectes à becqueter.
La nuit venue, le silence s'imposait,
Le frémissement d'une feuille le troublait.
Tout était noir, à moins que la lune n'éclaire,
Les animaux sortis de leurs repères.
Ils reviendront au petit matin,
Qui alors, sera déjà demain.

- LA CLAIRIERE -

Près de là, s'ouvrait une vaste clairière,
Un étang apportait une fraîcheur salutaire.
Des grenouilles coassaient à tue-tête,
Les rainettes de leur cri aigu leur tenaient tête.
Un rocher de granit, énorme et solitaire,
Sorti de terre depuis des temps séculaires,
Etait escaladé comme un pic de montagne,
Ou la grimpe d'un mât de cocagne.
Des arbustes s'élevaient timidement,
Tout en fleurissant abondamment.
Un buddleia se couvrait de bleu,
Les papillons l'effleuraient d'un vol léger et soyeux.
L'amélanchier, offrait ses baies de poires sauvages,
L'arbousier, les baies dissimulées dans son feuillage,
De ces fruits les oiseaux faisaient bonne chère,
Leur vie ici n'était pas misère.

- LES FRENES -

Je marchais d'allées en chemins,
Portant mon regard vers le lointain.
Des feuillus élevaient leurs branches encore nues,
Je me dirigeais aussitôt vers ce point de vue.
Depuis l'automne leur parure jonchait le sol,
Elle faisait le bonheur de nombres de campagnols.
Dans la végétation une biche me regardait,
Avec admiration je l'observais,
Elle posait tout en élégance, telle une grande star,
J'en faisais un joli cliché sans aucun retard.
Bientôt je découvrais les hôtes de ma visite,
Des arbres aux bourgeons noirs et tristes,
Avant que naisse le feuillage dentelé,
De ces frênes élevés.

- LES HETRES -

Pour satisfaire au plus près mon attention,
Je me portais vers une autre direction.
J'y trouvais là les hêtres, imposants comme des
molosses,
Avec leur écorce lisse comme la peau du rhinocéros.
Leurs feuilles naissantes ondulaient légèrement,
Ornées de leurs cils en ce début de printemps.
Leurs troncs sans branche étaient très dégagés,
Le sol ombré de leurs larges houppiers,
Leurs fruits seront faînes ou foyaux,
Que dégusteront écureuils, sangliers ou blaireaux.
Près de ces arbres de grande âme,
Se dressaient quelques charmes,
Ils se faisaient un peu futaie,
Que des petits gibiers appréciaient.
Je les quittais avec regrets,
Mais vers les chênes je voulais aller.

- LES CHENES -

Dans les forêts vous êtes l'arbre royal,
De circonférence vous êtes sans rival.
Vous symbolisez l'endurance et la solidité,
Mais aussi la force et la virilité.
Adossé à un tronc, St Louis y rendait justice,
Aidé d'assesseurs, sérieux ou novices,
Selon Brassens vous êtes nos amis,
Mais aussi un hôtel pour les écureuils et pour le gui.
Des sous-bois vous êtes la dureté et la pérennité,
Mais aussi la beauté et la loyauté.
Vous êtes la charpente des plus grands édifices,
Ne craignant ni le temps, ni les artifices.
Depuis plus de mille ans vous êtes l'espérance,
Avec le chêne d'Allouville, le plus vieux de France.

- *LE DEPART* -

Le temps de ma visite prenait fin,
Pour un groupe aussi qui m'avait rejoint.
Le ciel s'assombrissait, déjà le jour tombait,
A leurs caches les animaux rentraient,
Les oiseaux à robe noire revenaient à leur perchoir,
Le troglodyte mignon rentrait dans son nichoir,
Le rouge-gorge dans le fourré allait se dissimuler,
Le renard et le blaireau se dirigeaient vers leurs
terriers,
Les papillons ne volaient plus,
Les grenouilles et les rainettes s'étaient tues,
Les campagnols disparaissaient dans les friches,
L'écureuil dans un trou d'arbre mort retrouvait sa
niche,
Le sanglier s'en allait vers sa bauge,
La biche rejoignait sa clairière sans niche, ni bauge.
Cette journée avait été des plus heureuses,
La parade des animaux une féerie merveilleuse.

STROPHES

EN

SAISONS

STROPHES

De

PRINTEMPS

La campagne est de rosée,

De frêles herbes en sont perlées.

L'hiver a disparu,

Le printemps est revenu.

Un ciel jaune-orangé,

Un horizon de bel effet,

Un merveilleux décor,

C'est l'aurore.

Un pommier en fleurs,

Un merle siffleur.

Un réveil enchanté,

Un matin printanier.

·

Les branches font des bourgeons,

Des feuillages à profusion,

Les oiseaux font leurs nids,

Bientôt seront de nouvelles vies.

Le soleil s'élève dans le ciel,

La campagne est encore plus belle,

Les paysans sont aux champs,

Ils travaillent durement.

Au village les rues s'animent,

Les commerces se réaniment,

Aujourd'hui est le marché,

Des airs bruyants et colorés.

Des arbres multiples et variés,

Embaument de leurs pétales colorés,

Un chemin de terre,

Où la vie n'est pas misère.

A leurs pieds violettes et pâquerettes,

*Décorent d'un tapis de fleurs et mousses
vertes.*

Le coucou fleuri prend sa revanche,

Avec sa trompe d'or parmi les pervenches.

Au jardin de papy,

Le muguet bientôt sera fleuri,

Il en offrira le brin à treize clochettes,

A sa déesse, à qui il contera encore fleurette.

Les pâturages sont verdoyants,

Les animaux broutent à belles dents,

Les agneaux sont douceurs,

Les chevreaux sont joueurs.

Le ciel prend des airs d'orage,

Il semble de rage.

Aussitôt presse le temps,

Pourtant ce fut un beau printemps.

STROPHES

D'ETE

Voici le mois de Juin,

Ses odeurs de foin,

Ses sentiers où il fait bon marcher,

C'est l'été.

Les jours sont longs,

Saint-Jean donne le ton,

La nuit sera de feu,

Les invités seront joyeux.

C'est la fin de l'année scolaire,

Les étudiants iront prendre l'air,

Ou travailler,

Pour leurs études financer.

Les cerisiers sont garnis,

Les fruits sont rougis,

On les cueille à pleins paniers,

On aime s'en délecter.

C'est le temps des vacances,

Le temps des errances,

Ils iront à la montagne ou à la mer,

Ou dans la campagne qui leur est chère.

Juillet déroule son calendrier,

Cérémonies et festivités

Animeront les villages,

Pour des gens de tous âges.

Les blés se dressent fièrement,

Dorés par un soleil brûlant.

Bientôt viendra la moisson,

Hôte d'honneur de la saison.

La mer accueille ses baigneurs,

Ses marins et ses pêcheurs.

Les enfants font un château de sable,

Pour la reine d'une fable.

Sur l'eau le capitaine hisse les voiles

Sous un ciel que rien ne voile.

La sortie est au plus calme,

Les passagers le clament.

A la montagne, les alpinistes sont en cordée,

Ils sont proches de l'arrivée,

Les cyclistes sont au sommet,

Tous sont enthousiasmés.

La montagne est belle,

A ses pieds un champ de lavandes rebelles

Répand ses effluves en un bain de jouvence

De la douce Provence.

STROPHES

D'AUTOMNE

Arrive l'automne,

La saison n'est pas monotone.

Pourvue de coloris divers,

Elle est le printemps de l'hiver.

La montagne retrouve ses pics enneigés,

Ses pentes aux mélèzes colorés.

Dans son antre on se pâme,

Le cerf y fait son brame.

Les jours de grandes-marées,

Le pêcheur revient avec sa panerée.

Coques, palourdes et moules seront bienvenues,

Aux prochains menus.

La forêt est généreuse,

Elle offre des heures heureuses

Aux châtaignes et champignons,

Si le temps leur est bon.

Le vignoble est une fourmilière,

Les travailleurs ont une vie familière.

C'est le temps des vendanges,

Du vin nouveau, de la part des anges.

Les arbres sont flamboyants,

Comme les peintures de Rembrandt.

La campagne un teint panaché,

Comme les paysages de Gustave Courbet.

Une mer émeraude au soleil levant,

Une brume légère sous le vent.

Une invitation aux voyages lointains,

Une inspiration pour Eugène Boudin.

La saison change de décor,

De nouvelles fleurs la colorent,

Les chrysanthèmes sont du moment,

Ils forment de jolis ornements.

C'est la fête de l'armistice,

De la fin de tous supplices,

L'honneur est sur tous les refrains,

Ils n'ont pas combattus en vain.

Vient le calendrier de l'avent,

De l'impatience des enfants.

La fête est encore loin,

Faire la lettre au Père Noël rassure bien.

Les guirlandes sont installées,

Les vitrines sont décorées,

Le ciel s'illumine,

L'hiver s'achemine.

STROPHES

D'HIVER

Le printemps n'est plus,

L'été non plus,

L'automne est épuisé,

L'hiver l'a remplacé.

Le soleil a pâli,

Le ciel s'est assombri,

Le temps s'est dégradé,

Décembre s'est installé.

A nous l'hiver se rappelle,

En lui sera le gel,

Et le froid sera grand,

Si du nord vient le vent.

Le jour s'enfuit,

Tôt sera la nuit,

Le ciel est étoilé,

Ce soir il va geler.

Un sapin est dressé,

De guirlandes il est paré,

Les rues sont ornées de pavois,

Bientôt sera le jour roi.

Sur un sol enneigé,

Père Noël est arrivé,

Tiré par ses rennes,

Que rien ne freine.

La hotte remplie de présents,

Petits et grands sont enfants.

Plus fort brillent les étoiles,

Ce soir c'est Noël,

Joyeux Noël.

Dernier jour de l'année,

La fête est endiablée,

C'est la nuit de la Saint-Sylvestre,

Déjà résonnent les orchestres.

Un soir de réveillon,

Un menu d'exception,

Des mets savoureux,

Un chef talentueux.

Minuit, l'heure des vœux,

Joyeux et chaleureux.

Que cette année nouvelle,

Vous soit heureuse et belle.

Gaspard, Melchior et Balthazar,

N'arrivent pas par hasard,

Ils viennent couronner

La fin des festivités.